UN BOURGUIGNON ET UN ORLÉANAIS

ÉRUDITS AU XVIIe SIÈCLE

LETTRES INÉDITES

DE

B. DE LA MONNOYE

A NICOLAS THOYNARD

DE 1679-1697

PUBLIÉES ET ANNOTÉES

PAR

M. EMILE DU BOYS

PARIS

LIBRAIRIE L. TECHENER

219, RUE SAINT-HONORÉ, 219

1890

UN BOURGUIGNON ET UN ORLÉANAIS

ÉRUDITS AU XVIIe SIÈCLE

LETTRES INÉDITES

DE

B. DE LA MONNOYE A NICOLAS THOYNARD

DE 1679-1697

CHARTRES. — IMPRIMERIE DURAND, RUE FULBERT.

UN BOURGUIGNON ET UN ORLÉANAIS

ÉRUDITS AU XVIIe SIÈCLE

LETTRES INÉDITES

DE

B. DE LA MONNOYE

A NICOLAS THOYNARD

DE 1679-1697

PUBLIÉES ET ANNOTÉES

PAR

M. E. DU BOYS

PARIS

LIBRAIRIE LÉON TECHENER

219, RUE SAINT-HONORÉ, 219

—

1889

UN BOURGUIGNON ET UN ORLÉANAIS

ÉRUDITS AU XVIIe SIÈCLE

LETTRES INÉDITES

DE

B. DE LA MONNOYE A NICOLAS THOYNARD

DE 1679-1697

Une des plus intéressantes figures littéraires en province, pendant la seconde moitié du XVIIe siècle et la première du XVIIIe, a été incontestablement *Bernard de La Monnoye,* né à Dijon le 15 juin 1641, et mort à Paris le 15 octobre 1728. S'il ne fut qu'un « poète satirique de second ordre », ainsi que s'exprime M. le prince Emmanuel de Broglie dans son savant et si intéressant ouvrage tout récent : *Mabillon et la société de l'abbaye de Saint-Germain des Prés* à la fin du XVIIe siècle, 1664-1707 (Paris, Plon, 1888, 2 vol. in-8), t. I, p. 76, il est juste d'ajouter, avec le même écrivain, qu'il fut un « homme d'infiniment d'esprit ». Ses *Noëls Bourguignons,* qui sont restés son principal titre de gloire, le prouvent surabondamment. On sait qu'ils lui furent inspirés par ceux d'*Aimé Piron,* son compatriote, le père d'*Alexis* (v. sur les *Noëls* d'Aimé Piron une bien fine étude littéraire et bibliographique de M. Albert de la Fizelière, au *Bulletin du Bibliophile* de 1858, 13e série, p. 1270-1275, à propos de leur publication par M. Mignard, Paris, Techener).

La Monnoye fut un des érudits les plus savants de son temps et un philologue de mérite. Il entretint avec la plupart de ses contemporains une correspondance active, dont la collection, s'il faut en croire Rigoley de Juvigny, aurait formé *sept* ou *huit* volumes. Il ne nous en reste que quelques épaves, mais suffisantes pour faire vivement regretter la perte du gros de cette armée, de ces sept ou huit volumes, s'il faut toutefois renoncer à tout espoir d'en retrouver la plus grande partie.

Les *Lettres* de La Monnoye à l'*abbé Nicaise*, de Dijon, sont connues depuis longtemps, et ont été signalées notamment dans le bel ouvrage du savant doyen de la Faculté de droit de Lyon, M. Caillemer, *Lettres de divers savants à l'abbé Claude Nicaise*, publiées pour *l'Académie des sciences, belles-lettres et arts de Lyon*. Lyon, 1885, gr. in-8, et dans la thèse si intéressante de M. A. *Jacquet* pour le doctorat ès lettres, présentée à la Faculté des Lettres de Paris et dont nous parlerons plus loin. M. Jacquet les a même utilisées (1). Nous publions aujourd'hui les *Lettres* de La Monnoye à *Thoynard*, cet érudit et savant chronologiste orléanais du XVIIe s. (La Monnoye l'appelle « le premier chronologiste de l'Europe », lettre I), qui n'ont été signalées encore, croyons-nous, par personne ; nous ferons même remarquer notre étonnement que la correspondance si précieuse et assez volumineuse de Thoynard n'ait pas été plus citée depuis qu'elle a été mentionnée par M. Delisle dans son grand ouvrage le *Cabinet des manuscrits* (2). Cette correspondance est entrée à la Bibliothèque Nationale en 1869 et provient du riche cabinet qu'avait formé le savant auteur du *Manuel du libraire*,

(1) Ces lettres, des plus intéressantes, formeront un des fascicules de nos *Correspondants de l'abbé Nicaise*, dont nous venons de faire paraître le premier : *Un diplomate érudit au* XVIIe *siècle. Ezéchiel Spanheim*, Paris, Picard, 1889.

(2) Voy. ce que nous disons plus loin de la publication toute récente des *Lettres de Prousteau à Thoynard* par M. Jovy.

Jacques-Charles Brunet (voyez au surplus ce que nous en avons dit dans le *Bulletin du Bibliophile* de 1887, p. 360, en note). Rappelons qu'elle est conservée sous les n°s 560 à 563 des *Nouvelles Acquisitions françaises* (1). Nos lettres sont dans le vol. 562, elles sont au nombre de *dix-neuf*, toutes autographes, six seulement ne sont pas signées. Mais les *douze* que nous publions sont seules intéressantes ; nous avons dû en écarter *sept* ne contenant que des demandes de livres.

Depuis la notice qu'a consacrée à Bernard de La Monnoye la *Nouvelle Biographie générale*, il a été publié ou relevé sur notre érudit diverses études ou notices que nous allons mentionner.

En 1884, M. Henri Beaune, à qui l'on doit tant et de si savantes œuvres, a publié dans la *Revue lyonnaise*, t. VIII (juillet), d'après les originaux conservés à la bibliothèque publique de Lyon (Lycée n° 691) : *Lettres de Bernard De La Monnoye, de l'Académie française, à son fils religieux cordelier* (avec tirage à part. Lyon, impr. Pitrat aîné, 1884, gr. in-8 (2).

Nous n'hésitons pas à mettre sous les yeux du lecteur quelques lignes extraites de la préface de la très intéressante petite publication de M. Beaune, où *La Monnoye* est bien placé dans le cadre qui lui convient :

« En 1696, dit M. Beaune, La Monnoye résigna ses « fonctions de correcteur à la chambre des Comptes de « Bourgogne en faveur de *Bernard Joly*, et ne songea plus

(1) Rappelons aussi que le vol. 560 contient la *notice imprimée* sur Thoynard rédigée par M. Charavay pour cette vente. Cette *notice* (imp. Lainé et Havard, Paris, 1868), est indiquée par M. Jovy aux *imprimés*, sous la cote L n 27 24546.

M. Edmond Bonnaffé, *Dictionnaire des amateurs français du* XVIIe s., signale une communication sur Thoynard due à M. Héron de Villefosse, dans le *Bulletin de la Société des antiquaires de France* année 1883. Ce sont trois lettres adressées au savant numismatiste par l'intendant *Foucault* en 1692, 1697 et 1700.

(2) En 1853 M. l'abbé Bougaud avait publié : *Lettres inédites de B. de La Monnoye*, adressées à son fils, Dijon, Lamarche, br. in-8 (Jacquet.)

« qu'à étendre sa réputation dans le monde littéraire. Il « devint sinon le centre, du moins l'un des membres les « plus influents et les plus admirés de ce cénacle bourgui« gnon, véritable foyer de saine érudition et de dilettan« tisme classique, où se groupaient l'*abbé Nicaise,* avec « toutes les célébrités de l'Europe, le *président Bouhier,* « *l'abbé Papillon,* les conseillers au parlement *Dumay,* « *de La Mare* et *Lantin,* l'avocat *Michault, dom Aubrey,* « religieux de l'abbaye de Saint-Bénigne, etc.; presque « tous le reconnaissaient pour un maître, aucun d'eux « n'hésitait à se dire son ami. »

En note de la page 2, M. Beaune nous dit : « La Biblio« thèque de Dijon conserve des *documents inédits* sur La « Monnoye. »

Un magistrat érudit dont on déplore la perte assez récente (1), M. Moulin, collaborateur du *Bulletin,* a donné, on ne l'a pas oublié, à notre cher recueil un grand nombre de notices des plus intéressantes, intitulées : *Le Palais et l'Académie aux* XVIIe *et* XVIIIe *siècles.* Parmi ces notices nous relevons celle de *La Monnoye* en 1885, p. 65-70. M. Moulin possédait, il nous le dit dans la note 3 de la page 65, dans sa riche collection d'autographes, *dix pièces* de la main de La Monnoye. On sait que la partie la plus précieuse de cette inappréciable collection a été léguée par son savant auteur à l'*Académie française.* Dans la note de la page 66, M. Moulin dit :

« Il (La Monnoye) se lia avec le président Bouhier. Les « deux érudits, qui s'occupaient l'un et l'autre de traduc« tions, se portèrent souvent des défis en se proposant de « traduire les mêmes passages des mêmes auteurs. J'ai « dans ma collection d'autographes des cahiers des Epi« grammes de Martial traduites par les deux amis. »

En 1885, M. *Milsand,* dans sa *Bibliographie Bourgui-*

(1) M. Moulin est mort en 1885; voy. sa nécrologie au *Bulletin* de nov.-déc. 1885, p 544-546.

gnonne (Dijon, Lamarche, 1 vol. gr. in-8), faite avec tant de soin, a relevé à la page 137 les divers articles publiés sur La Monnoye dans les journaux locaux, les voici :

« *Notice historique* sur Bernard De La Monnoye, dans « le *Journal de la Côte-d'Or* du 30 frim. an XIII.

« *Notice* sur Bernard de La Monnoye, dans la *Chro-* « *nique de Bourgogne,* 1844, n° 19, 14 juillet, p. 301, « tome II.

« *Biographie* de Bernard De La Monnoye, par G. Gil- « lotte, dans le *Courrier de la Côte-d'Or* du 27 février « 1844.

« BERNARD DE LA MONNOYE. *Histoire anecdotique* dans « le *Spectateur de Dijon* du 9 mars 1842.

« BERNARD DE LA MONNOYE, *le premier lauréat de* « *l'Académie française,* par *Michel Masson,* dans *La* « *Côte-d'Or* du 27-28 mars 1873. »

N'oublions pas à cette date de 1885 l'ouvrage si précieux de M. Caillemer, mentionné plus haut, et où il est si souvent question de La Monnoye.

M. Jacquet, dans sa thèse pour le doctorat ès lettres présentée à la Faculté des Lettres de Paris, publiée en 1886, chez Garnier, in-8, et intitulée : *La Vie littéraire dans une ville de province sous Louis XIV,* étude sur la société dijonnaise pendant la seconde moitié du XVIIe s., a eu naturellement à s'occuper beaucoup de notre poète érudit ; il l'a fait, à notre humble avis, avec tact, et a mis l'auteur des *Noëls Bourguignons* dans son vrai jour. Nous croyons devoir reproduire ici quelques traits du portrait tracé par M. Jacquet, qui font parfaitement ressortir la physionomie de l'érudit dijonnais :

« La Monnoye est peut-être celui de tous qui repré- « sente le mieux cette génération de savants aimables, « qu'on pourrait appeler les épicuriens de l'érudition. « Personne n'a plus que lui étudié, annoté, commenté « les textes ; l'antiquité grecque et latine lui sont égale- « ment familières ; mais rien en lui ne rappelle le pédant

« pituiteux et chassieux » dont Montaigne se moque. C'est « un bénédictin jovial, spirituel et goguenard. Il porte « légèrement et en se jouant le fardeau d'une science pro« digieuse ; son vaste front n'a point de rides. Le grain « de sel gaulois, dont il relève et assaisonne tout, fait que « rien dans ses œuvres n'est indigeste à l'auteur ni au « lecteur.

...... « Les qualités mêmes de La Monnoye, l'ingé« nieuse souplesse de son esprit qui sait, en un moment, « se prêter à tous les genres et prendre toutes les formes, « cette mobilité perpétuelle qui le charme lui-même et qui « charme les autres, expliquent en partie les faiblesses et « les lacunes de son talent. On pourrait lui appliquer, en « la modifiant légèrement, la parole de Sénèque : « Dis« tringit animum scriptorum multitudo. » Jamais il n'a « été capable de rassembler les forces de son intelligence. » M. Jacquet développe ensuite ce thème « que son « extrême facilité à composer des vers en grec, en latin, « en français et en italien, a contribué pour beaucoup à « la médiocrité générale de ses poésies ».

Dans le catalogue dressé pour la vente Brunet, 1868, M. Charavay dit avec raison, en parlant des lettres qu'on va lire : « Correspondance pleine d'intérêt. »

Les lettres que nous publions aujourd'hui vont nous montrer surtout dans *La Monnoye* le *philologue* et l'*érudit ;* mais au milieu même de ces deux titres, entraînant toujours un air grave et austère, il sait conserver son vrai caractère d'homme d'esprit, on en voit partout percer la pointe, ce qui est un des traits les plus marquants de sa physionomie, et on dirait qu'il tient à nous rappeler, même au milieu des plus graves sujets, qu'il est l'auteur des *Noëls Bourguignons.*

On trouve dans nos lettres, à côté de nombreux détails bibliographiques ou relatifs au prix des livres au XVIIe s., des discussions philologiques et grammaticales intéressantes, sur l'orthographe du mot *quoter* et sur le verbe *ré-*

-*imprimer* (lettre du 21 décembre 1693). Le savant correspondant de Thoynard donne à son ami son jugement sur le *Dictionnaire de Richelet,* alors dans toute sa vogue, son influence et son autorité. Avec quelle franchise, un peu trop grande avouons-le, notre héros s'ouvre à son ami : « Il n'y a pas, je pense, de vanité (?) à vous dire que mon écriture est un peu plus propre à broder les marges d'un livre que la vôtre. » Il faut avouer aussi que si la vérité n'est pas toujours bonne à dire, elle est dans ce cas manifeste pour qui connaît l'écriture *moulée* de La Monnoye et d'autre part l'écriture *pattes de mouche,* pour nous servir d'une expression vulgaire, de son correspondant.

Dans sa notice précitée sur La Monnoye, M. Moulin dit (*Bulletin du Bibliophile,* 1885, p. 87) : « La Monnoye « ne se bornait pas aux vers français, il en faisait de grecs, « de latins, et *probablement* que le membre de l'Académie « Padouanne des *Ricovrati* en faisait aussi d'*italiens.* » La lettre du 24 mars 1694 nous en apporte un exemple : l'auteur des *Noëls* envoie à son ami une courte mais intéressante pièce de vers *italiens,* l'épitaphe de cet érudit conseiller *Lantin,* du parlement de Dijon, « qui, dit M. Jacquet (p. xi, *Introduction*), (nous en avons fait la remarque dans le fascicule I de nos *Correspondants de l'abbé Nicaise.* Ezéchiel Spanheim, Paris, Picard, 1889), ne nous occuperait guère, s'il n'avait fait que traduire en vers latins les *Eléments* d'Euclide, mais qui, dans ses nombreux voyages à travers le monde et les livres, avait beaucoup vu, beaucoup retenu ».

Dans une lettre du 29 janvier 1695, La Monnoye envoie à Thoynard un échantillon de sa poésie *grecque* (un distique). Nous en retrouverons un second essai (lettre du 12 mars 1695) dans cette épitaphe de Lantin que nous venons de relever en *italien,* et que notre poète érudit envoie en latin et en français dans la même lettre du 12 mars. M. Jacquet a reproduit les vers français (p. 132) en imprimant une lettre de La Monnoye à l'*abbé Nicaise*, au sujet de la mort de Lantin. Cette lettre nous offre encore un curieux sonnet en bouts rimés de La Monnoye sur un sujet assez passionnant, paraît-il, puisque Bayle lui mande qu'il *occupe* (1695) *tous les poètes d'Angleterre et de Hollande*, la mort de la *princesse d'Orange*.

Avec la lettre suivante nous passons à l'année 1696. Nous trouvons un nouvel essai de poésie grecque, que La Monnoye accompagne de ce joli mot : « Que dites-vous de ce grec ? Il y aurait plaisir d'en faire part à Madame Dacier. » Comme tout de suite l'oracle du moment sur la matière, oracle d'autant plus puissant qu'il était femme, se trouve sous sa plume !

Notre Correspondance se termine (1) (lettre non datée mais sur l'original de laquelle on lit écrit au crayon « 1697 » et qui est bien de cette date, on le verra) par cette fine et jolie plaisanterie sur la réduction de son nom à « oie ».

A la lecture des Lettres qui suivent, chacun ratifiant le mot de M. Fertiault, dans la *Nouvelle Biographie générale*, au sujet des *Lettres* de La Monnoye, en général, dira certainement : « Quel agréable causeur ! »

Emile Du Boys.

I

N A Fr. 562 f. 75 A Paris l'onzième juin 1679.

Monsieur,

Bien qu'il y ait longtemps que vous n'avez receu de mes nouvelles et que ce soit uniquement par ma faute que nostre commerce a discontinué, j'ose me persuader néant-

(1) Nous ne comptons pas la *copie* d'une lettre de La Monnoye (1701) où il est question uniquement de son fils et sans grand intérêt.

moins que vous ne m'avez pas oublié, et que vous voudrez bien me faire réponse sur le sujet qui m'oblige à vous écrire. M. David, homme de qualité de nostre ville que son âge tout avancé qu'il est n'empesche pas de donner la plus grande partie de son temps à l'étude, aïant lu les observations chronologiques du P. Poussines jésuite sur l'histoire de Pachymére, croit y avoir découvert quantité de bevües dont il a fait un recueil qu'il a dessein de publier(1), je sai qu'il vous a été communiqué par un Père de l'Oratoire de Paris à qui un ami de l'auteur l'avoit envoié. J'ai mesme vu certaine remarque écrite de vostre main touchant l'avance des années grecques sur celles de l'Ere vulgaire, mais comme aprés la lecture du livre en question vous n'avez rien témoigné qui fasse connoistre le jugement que vous en faites, on s'est adressé à moi pour vous demander ce qu'il vous en semble, et si vous croiez

(1) DAVID (Maurice), avocat au parlement de Dijon, né dans cette ville en 1614, y mourut le 11 novembre 1679.

L'ouvrage de David parut en cette même année 1679 sous ce titre : *Mauritii David Presbyteri Animadversiones in observationes chronologicas Possini ad Pachimerem, Dijon, Palliot,* 1679, in-4. Voici ce qu'en dit PAPILLON, *Bibliothèque des auteurs de Bourgogne.* « I. ne faut pas toujours juger du mérite « d'un écrivain par l'épaisseur et le nombre de ses écrits. Cet ouvrage, qui n'a « que 70 pages, a donné autant de réputation à son auteur, qu'auroit pû faire « un gros in-folio. M. l'abbé Fleury en faisoit une estime particulière et me « pria par une lettre dont il m'honora au mois de septembre 1713 de lui en « chercher un exemplaire à quelque prix que ce fût. Je fus assez heureux de « le trouver à Dijon, quoiqu'il y soit aussi rare qu'à Paris, et je l'envoyai au « célèbre historien.

Papillon ajoute : « M. *Toinard* faisoit le même jugement [ce qu'on va voir « confirmé par la lettre II de La Monnoye]. Voici ce qu'en dit M. Jean Boivin « dans ses notes sur Nicéphore Grégoras (*a*). *Ego Possini chronologiam « primum secutus sum, quam et Ducangius secutus fuerat. Deinde ex « Animadversionibus Mauricii David, sacerdotis divionensis* (*cujus librum « diu quæsitum beneficio V. Illustr. Nicol. Toinardi tandem nactus sum*) « *intellexi lapsum me semel atque iterum cum doctissimis viris in supputanda annorum ratione.* Fabricius parlant de Pachymère dit (*b*) *cui jungenda « rarissime obviæ David animadversiones etc. quas in clariss. Boivinii notis « ad Gregoram laudari vidi : in ipsas necdum incidi.* »

(*a*) In notis ad Lib. tertium.

(*b*) Bibliot. graec., t. VI, p. 459.

qu'il soit digne de voir le jour. Vous pouvez vous en expliquer en toute liberté, l'Auteur n'est pas si fort prévenu en faveur de sa composition qu'il n'entende raison sur tout ce qu'on lui en voudra dire. Pour son stile je ne le trouve ni fort pur ni fort net, mais comme en ces sortes d'ouvrages on s'attache moins à l'élocution qu'à la doctrine on pardonnera facilement à l'Auteur cette négligence d'expression. Je le voi presque résolu à se faire imprimer ici, bien que Dijon n'étant pas une ville fort fameuse pour l'impression il y ait danger que l'obscurité du lieu ne nuise à la fortune du livre, s'il prenoit pensée de le faire imprimer à Paris soit à ses frais ou autrement, vous auriez peut estre bien la bonté en cas que vous vous trouvassiez sur les lieux dans ce tens la de prendre quelque soin de l'édition. L'importance est de reconnoistre auparavant le mérite de l'ouvrage. C'est dans cette vüe qu'on a esté et qu'on seroit encore bien aise de le faire passer par vos mains, et de s'en remettre entierement à vous c'est à dire Monsieur au premier chronologiste de l'Europe. On nous dit ici merveilles de vostre Harmonie Evangelique, et l'on en parle comme si elle étoit imprimée (1). Il me tarde fort que je la voie, ne doutant pas que vous ne l'aiez enrichie de quantité de belles observations dans

(1) On sait que l'*Harmonie des Evangelistes* ne parut qu'après la mort de Thoynard en 1707.

« Tout le monde, remarque M. Jovy dans sa publication des *Lettres de Prousteau à Thoynard* que nous mentionnons plus loin, réclame avec insistance à ce pauvre Thoynard cette *Harmonie* qui a dû souvent jeter le trouble dans sa vie. » « Il seroit à souhaiter, écrivait Leibniz lui-même, que Mons. Toinard nous voulut donner ses Harmonies et les joindre à ses remarques sur les Hérodiades. Vous obligerés le public, Monsieur, si vous le pressés pour cela ». (Voy. Caillemer, p. 29). De l'immense labeur, continue M. Jovy, de Thoynard sur le sujet, il ne sortit qu'un travail d'assez peu de valeur qui ne parut qu'après sa mort..... Cf. Floquet, *Bossuet, précepteur du Dauphin*. Paris, 1864, p. 425; Charavay, *Notice* sur *Nicolas Thoynard*, p. 6-7. » Jovy, *Etudes et Recherches*, I, p. 29, note 4. Voy. l'Extrait que nous donnons plus loin de cette *Notice* de M. Charavay. L'appréciation de M. Jovy sur *l'Harmonie* ne s'accorde guère avec celle des *Hommes illustres de l'Orléanais*, Orléans, Gatineau, t. II, p. 225, qui dit : « ..... 2° Une *excellente* concorde des quatre Evangélistes,

lesquelles vous n'aurez rien mis que de rare, vostre humeur n'a jamais esté de répéter ce que d'autres auroient dit avant vous, et je m'assure vous connoissant comme je vous connois que vous aimeriez mieux vous taire que de ne rien dire de nouveau, je m'arresterois plus longtemps en si bel endroit si l'impatience de vous parler de M. Denis (1) ne m'emportoit, vit-il toûjours cet homme si digne de vivre?

Paris, 1706, in-fol. grec et latin, avec de savantes notes sur la Chronologie et l'Histoire, ouvrage très estimé. » (a)

Enfin M. Charavay a consacré un long et intéressant passage de sa *Notice* sur Thoynard aux péripéties de la préparation de l'impression de l'*Harmonie*. « Nous avons vu, dit M. Charavay, que, dès 1669, il [Thoynard] avait mis sous presse ce livre chez André Cramoisy, et qu'il envoyait les épreuves à ses amis. En 1681 Thoynard fit parvenir à Locke une collection des feuilles harmoniques des Rois et des Paralipomènes et le philosophe anglais lui écrivit à ce sujet : « Dieu vous donne le repos que votre *Harmonie* mérite. Je suis ravi que vous commenciez par le Pentateuque, ce qui me fait espérer que vous parcourrez toute la Bible et en ferez un ouvrage achevé..... » André Cramoisy en fit [de l'*Harmonie*] une traduction française en 1716 : *Harmonie ou Concorde Evangelique, contenant la vie de Jésus-Christ selon les quatre Evangélistes suivant la méthode de Nicolas Toinard, trad. en françois par André Cramoisy*, Paris, J. B. Lamesle, 1761, in-8. »

(1) Il est très probable qu'il s'agit du médecin littérateur Jean-Baptiste Denis, mort en 1704 seulement (par conséquent tous les vœux de La Monnoye devaient être comblés), qui publia dans le cours de l'année 1672 des *mémoires* (sorte de *journal littéraire*), qui paraissaient deux ou trois fois par mois (v. le *Bulletin du Bibliophile*, 1857, 3e série, p. 155, n° 69), et, comme suite à ce journal, des *Conférences*, 1672 et années suivantes ; les mémoires et les conférences ont été imprimés *ensemble* ou *séparément*.

Dans une savante étude littéraire et bibliographique sur les *mémoires et conférences de Jean-Baptiste Denis*, publiée dans le *Bulletin* en mars 1857, p. 260 à 279 par M. le docteur Payen, nous lisons, p. 260 :

« Les conférences de Denis ne s'occupent pas seulement des sciences naturelles, elles renferment de bons articles littéraires. Cette publication a remplacé le Journal des Savants pendant deux années dans lesquelles il a langui, et pendant une année dans laquelle il a été suspendu ; elle fait partie de la collection

(a) Le *Bulletin du Bibliophile*, fidèle à son titre et à sa spécialité, ne saurait laisser passer aucune erreur bibliographique. Aussi profitons-nous de l'occasion pour dire que nous avons été péniblement surpris en lisant dans une des dernières livraisons de la *Grande Encyclopédie*, actuellement en cours de publication, à l'article : Brainne (Charles) ..... « les *Hommes illustres de l'Orléanais*, publication médiocre, dont le second volume n'a pas paru ». Les *Hommes illustres de l'Orléanais*, Orléans, Gâtineau, 1852, forment deux volumes, que nous possédons.

et y a-t-il apparence que vous le puissiez encore garder quelques années? Mandez moi je vous prie de ses nouvelles et me dites quelque chose de Mademoiselle Madelon qui est tantost bien en âge d'estre appellée Madelaine. Comme j'ignore où vous estes presentement je ne sai presque quelle voie prendre pour vous faire tenir cette lettre, je ne serai plus en cette peine lorsque vous m'aurez instruit de vostre adresse. La mienne est proche l'Eglise Saint Jean. Je suis, Monsieur,

Vostre tres humble et tres obeissant serviteur.

De la Monnoye.

[Une note écrite au crayon sur le v° du fol. 76 dit:

de ce journal important, et elle se trouve à son rang dans les impressions in-4 et in-12..........

« p. 270. Jean Baptiste Denis, conseiller et médecin ordinaire du Roi, dont le nom se rattache à l'histoire de la transfusion du sang, avoit établi chez lui, vers 1664, des conférences dans lesquelles des savants « *de diverses qualités et professions* » s'entretenoient de questions de physique, de mathématiques, de médecine, qu'on lui adressoit de divers points de l'Europe. Dès le mois de février 1672, il avoit commencé à faire paroître, format in-4, des mémoires dont le 1er porte la date du 1er février, et le 12e celle du 11 juin; il paroissoit deux à trois mémoires par mois. Denis avoit soin « *de n'y répéter jamais aucune chose de celles qui ont esté mises cy devant dans le* Journal des Scavants. » Dans le dernier mémoire, Denis annonça qu'il alloit revoir les principales conférences ou les imprimer l'une après l'autre, ce qu'il fit pendant deux ans à partir du 1er juillet 1672 jusqu'au 1er février 1674.

« A cette époque paroissoit la quatorzième conférence dans laquelle Denis commençoit à combattre le système de Descartes et devoit compléter son article dans la quinzième, annoncée pour le 1er mars; celle-ci ne parut pas, et l'ouvrage en resta là. Une des raisons de cette interruption fut sans doute la reapparition, au 1er janvier 1674, du Journal des Savants, dont la langueur en 1672 et la suspension en 1673 avoient dû décider Denis à faire sa publication; mais, en 1683, Denis avoit reçu, de la part du roi de Pologne, des renseignements sur une fontaine singulière de ce royaume: il fit de cette communication l'objet d'une conférence, et, comme il se souvenoit en avoir promis une quinzième, il fit imprimer celle-là; sur quelques exemplaires, il l'intitula quinzième Conférence, et il termina ainsi la collection, en donnant un extrait du privilège du roi.

« L'ouvrage complet de Denis doit donc comprendre douze mémoires et quinze conférences; et on peut dire qu'on ne le trouve jamais dans cette condition. »

« Quoique datée de Paris, cette lettre a été écrite de « Dijon. »]

Adresse à Monsieur Thoynard l'aisné.

II

A Dijon le 23 juillet 1679 et non pas 76 comme vous avez mis, ce qui fait bien voir que tout homme est sujet à se méprendre.

Monsieur,

J'estois en peine de vostre silence et ne savois à quoi l'attribuer lorsque vous m'avez appris qu'une date d'un lieu pour un autre avoit retardé vostre réponse je ne me souviens pas autrement de ma lettre mais je suis le plus trompé du monde s'il n'y avoit quelque chose par ci par la qui pouvoit redresser l'équivoque. Je ne connois point de Mr Joli de nostre païs qui mérite le nom d'illustre, et pour ce qui est de Mr de Condom, quelque respect que j'aie pour lui je vous prie de croire que si j'allois à Paris et que vous y fussiez je me donnerois l'honneur de vous voir préférablement à tout autre (1). Je suis bien aise que vous approuviez l'ouvrage de Mr David, Mr du Fesne du Cange qui l'a lu ces jours passez a témoigné à l'auteur par une lettre tres civile et tres obligeante qu'il en estoit fort satisfait. Le manuscrit est encore presentement entre les mains de Josset libraire de la rue S. Jaques où vous pourrez le voir si bon vous semble et si vostre loisir vous le permet. Ce Josset est gendre d'un autre libraire de nostre ville nommé Palliot qui doit estre l'imprimeur de Mr David. Vous me surprenez au reste de me mander que

(1) Le brave Thoynard devait être singulièrement fier de cet honneur, de cette *préséance* sur celui qui, déjà illustre, allait devenir deux ans plus tard *l'Aigle de Meaux*, et atteindre par ses plus célèbres *oraisons funèbres* le faîte de la gloire.

vostre Harmonie ne soit encore qu'un projet, faites-moi savoir je vous prie ce que vous entendez par la, je prens part autant que qui que ce soit à l'édition d'un ouvrage que tous les curieux attendent avec impatience et qui fait déjà beaucoup de bruit. Continuez moi toûjours l'honneur de vostre amitié et me croïez

Monsieur,

Vostre tres humble et tres obeissant serviteur

DE LA MONNOYE.

Vous connoitrez aisément a ma manière presente d'écrire si differente de l'ancienne que je ne suis plus jeune et que de plus je suis marié (1).

Adresse :

A Monsieur

Monsieur Toinard chez Mr Desnoiers a la teste noire rue Mazarine

Paris.

(1) Comme nous avions raison de dire qu'à tout instant, au milieu des plus graves questions d'érudition, l'esprit *gaulois* de La Monnoye se fait jour et rappelle l'auteur des *Noëls !*

Ici trouve sa place un détail piquant que nous cueillons dans l'utile *Dictionnaire Historique* de CHAUDON (qu'on n'a pas toujours apprécié à sa juste valeur.) : « Le poète *Lainez* (voy. ce que nous disons plus loin de lui) étant à Dijon entraina un soir *La Monnoye* dans un cabaret, où une conversation vive et aimable, échauffée par d'excellent vin, les retint jusqu'à neuf heures du matin. Madc *de La Monnoye,* inquiette de l'absence de son mari, fut le chercher jusques dans ce cabaret. *Lainez* l'apercevant de loin, s'écria : *Voilà ta femme !* » La Monnoye qui ne la voyoit point encore, parcequ'il avoit la vue basse, lui dit : « Ah ! mon ami ! voilà le premier bon office que m'ait rendu ma vue. »

III

A Dijon le 6 octobre 1685.

Monsieur

Sachant faire un si bon usage de ce que vous avez appris ce seroit dommage que vous eussiez oublié la moindre chose. L'application que vous me faites de vostre axiome Hibernois ne m'est pas moins avantageuse qu'elle est ingénieuse, et je trouve trop mon compte dans vostre argument pour ne vous en pas accorder la conséquence, je pourrois même l'emploier à vostre égard, et puisque nous avons esté tous deux amis du défunt, prétendre par la mesme raison que vous devez estre le mien ; mais, Monsieur, vous l'avez paru en tant de rencontres, et vous venez encore de le paroître si sensiblement, que sans avoir recours aux sophismes je dois estre entiérement persuadé de vostre amitié. J'aurois tasché de vous en témoigner ma reconnoissance en la personne de M. Proûteau (1) s'il m'en avoit donné le loisir. Le peu de séjour qu'il a fait en cette ville ne m'a laissé que le temps de concevoir pour lui une estime particuliére qui ne s'augmentera pas peu par la lecture d'un ouvrage de sa façon dont il a bien voulu me

(1) *Guillaume Prousteau*, professeur à l'Université de lois d'Orléans à la fin du XVIIe et au commencement du XVIIIe s., né à Tours le 17 mars 1628 et mort à Orléans le 15 mars 1715.

Bien que n'étant pas Orléanais, Prousteau, par le souvenir de son enseignement et en fondant la *Bibliothèque* publique d'Orléans, par le don de la sienne qui en fut le noyau, a mérité la reconnaissance des Orléanais et une place dans la Biographie des *Hommes illustres de l'Orléanais*, Orléans, Gâtineau, 1852.

Voy. les nombreux renseignements que nous avons donnés sur Prousteau en publiant, dans le *Bulletin*, livraison de juin-juillet 1888, la plus intéressante de *ses lettres à Thoynard*, sur le *Divorce*.

Depuis notre publication, M. Ernest Jovy a édité ces lettres avec d'excellentes observations, sous ce titre : *Etudes et Recherches. I, Guillaume Prousteau, fondateur de la Bibliothèque publique d'Orléans et ses lettres inédites à Nicolas Thoynard*. Paris, librairie d'érudition, 1838. (Nous rendrons compte de cette publication dans le *Bulletin*)

faire part. Je voudrois pouvoir vous estre de quelque secours dans l'étude que vous faites des médailles, j'y intéresseray Mrs Lantin et Nicaise, et si je ne puis vous rendre en cela de services effectifs, je vous donnerai du moins des preuves du zèle avec lequel je suis

Monsieur

Vostre tres humble et tres obeissant serviteur

De La Monnoye.

Ne viendrez vous jamais à Dijon? ce seroit, si vous y veniez, ἔτος νέον ἱερὸν pour moi.

Adresse :

A Monsieur

Monsieur Toinard, rue Mazarine, chez Mr Desnoiers devant l'épée Roiale

A Paris.

IV

(1) A Dijon le 21 décembre 1693.

Je ne sais, Monsieur, ce que vous penserez de mon procédé à votre égard. Vous me faites present d'un livre qui m'instruit et me divertit ; moi par reconnoissance je vous engage à une queste pénible de plusieurs volumes, et vous dérobe un temps que vous pourriez emploier à de meilleures occupations. Vous vous chargez cependant le plus obligeamment du monde de cette fatigue, et je suis fâché que votre diligence n'ait pas eu jusqu'ici un meilleur succès. Il est bien honteux pour Paris que la rareté des

(1) Fol. 83.

livres grecs y soit si grande. L'Hésiode d'Heinsius, l'Hieroclès de Péarson, et les poésies de Scaliger ne devoient pas, ce me semble, être si difficiles à trouver. Je compte pour un bonheur singulier la rencontre des conformitez de S. François, mais je désespére du Bandel et du Philelphe. Les Epîtres de ce dernier ne sont complettes que dans l'in folio, l'in quarto n'en contient pas la moitié. Le Straparole François n'est pas ce que je cherche, il me le faut italien ou il ne m'en faut point. Je suis surpris que le libraire à qui vous offrez six francs du Clémangis, et neuf du Postel, ne vous ait pas pris au mot, ces deux livres à quinze francs me paroissent bien paiez, je consens néanmoins que vous poussiez jusqu'a seize mais ce sera le non plus ultra. Vous direz au libraire que vous en avez écrit en province, et qu'on n'en veut pas donner davantage, qu'il profite de l'occasion. Vous me ferez plaisir de m'acheter la Vulgate in-4° ou de Vitré ou de Dezallier, vous marchanderez comme pour vous, et tout ce que vous ferez là dessus sera bien fait. Je ne sais si dans la liste que je vous ai envoiée j'aurai mis les *Capitoli* du *Bernia,* du *Casa,* du *Mauro,* etc. en deux volumes in-8 à Florence 1548. J'en ai le premier tome, mais je me résoudrois volontiers à prendre les deux s'ils se rencontroient. Je voudrois bien avoir aussi les quatrains de Pibrac en vers grecs par Florent Chretien, imprimez in-4° à Paris et in-16 à Lyon. Malheureusement c'est du grec, et par consequent vous ne le trouverez pas. Vous serez peut estre plus heureux à me déterrer le *Veteres grammatici* de Putschius in-4 Hanoviæ. Je ne prends pas garde qu'insensiblement je vous dresse un nouveau catalogue, et que c'est ici error novissimus pejor priore. Pardon, Monsieur, la bibliomanie m'emporte. Vous ne me dites rien du Lactance de *Mortibus Persecutorum* (1) j'en souhaite deux exemplaires. On

(1) L'édition du *de Mortibus persecutorum* qui parut à Utrecht en 1693 avec les *notæ* de *Gisber Cuper* (celles-ci voyaient le jour pour la seconde fois.) et de Baluze. Elle est ainsi indiquée par Brunet : « Lactantii liber de mortibus

me mande que le Dictionnaire de l'Académie paroist en 2 vol. in fol. (1) et qu'on travaille à un troisième qui contiendra les termes des arts. Faites moi savoir, je vous prie, de quel prix sont ces deux premiers volumes, et si l'on ne peut pas les relier commodément en un. Vous me parliez ce me semble de ce Dictionnaire dans votre lettre

persecutorum, cum notis Steph. Baluzii : acced. variorum animadversiones, tam editæ quam ineditæ : recensuit, suis auxit, cum versionibus contulit Paulus Bauldri. Traj. ad Rhenum. *1692 seu 1693* in-8.

« Edition estimée. Les deux dates se rapportent à une seule édition dont on a changé le titre. »

(1) Voici ce que nous lisons, au sujet de la première édition du *Dictionnaire de l'Académie,* dans un très intéressant travail signé Pellissier et intitulé : *Recherches sur les anciens Lexiques suivies de considérations sur les moyens d'améliorer les nouveaux dictionnaires,* publié par le *Bulletin* en 1836, 2e série, p. 119-138 et 167-181 : « p. 133. Ce fut en 1694 que l'Académie française publia le sien en deux volumes in-fol., et malgré plus d'un demi-siècle passé à la confection de ce travail, qui, selon la promesse de la docte compagnie, devait *porter la langue à sa dernière perfection, en traçant un chemin pour parvenir à la plus haute éloquence,* il fut bien loin toutefois de répondre à l'attente générale et de paraître le digne vocabulaire des chefs-d'œuvre dont s'illustrait alors la France. L'Académie avait disposé les mots par racines, en plaçant tous les dérivés et les composés sous les mots primitifs dont ils descendent, forme plus logique, mais d'un usage beaucoup moins facile que l'ordre alphabétique déjà consacré par Richelet, et surtout par Furetière, qui était en outre plus complet, et, de l'aveu même de Racine, pouvait lui être préféré. Aussi, dès son apparition, l'ouvrage de l'Académie devint-il l'objet de nombreuses critiques ; la plus ingénieuse et la plus mordante fut d'en extraire les façons de parler populaires et proverbiales, et de les publier sous le titre de *Dictionnaire des Halles.* Par Artoud, *Bruxelles,* 1696, in-12. L'Académie ne répondit pas et fit bien ; mais elle ne profita point assez de ces critiques, et ce fut un tort. Cependant elle adopta la forme alphabétique dans sa seconde édition de 1718..... »

Nous ne saurions omettre de mentionner les considérations, à notre *avis, si* justes au sujet de cette *première* édition du Dictionnaire de l'Académie publiées par *Charles Nodier* dans le Bulletin d'août 1835, 1re série, 1er article sur le *Dictionnaire,* p. 2 à 7. Avec quel plaisir et quel respectueux souvenir nous saluons le nom de cet aimable Conteur, de cet érudit de grand mérite, dans un travail destiné au *Bulletin du Bibliophile,* dont il fut un des premiers et des plus célèbres inspirateurs ! (Voy. au sujet de Charles Nodier et de sa valeur littéraire une étude bien intéressante et bien juste du regretté M. Daniel Bernard publiée dans *Le Livre,* 1881, Bibliographie *rétrospective,* p. 83 à 87.)

Signalons aussi de Charles Nodier un très curieux article dans le *Bulletin d'octobre* 1835 sur les *Satires publiées à l'occasion du premier dictionnaire de l'Académie.*

précédente comme s'il étoit imprimé. Vous y repreniez l'ordre des mots qu'on y a rangez par racines à l'exemple du Calépin tel que nous l'avons aujourd'hui, du Trésor d'Henri Etienne et de son abrégé par Scapula. Cet ordre a son utilité, on s'y accoutume en peu de temps, et ce qu'il pourroit faire de peine a trouver la suite litérale des mots peut estre aisément réparé par une table alphabétique mise à la fin du Dictionnaire. Vous y condamniez l'orthographe de quoter. J'avoue que tout le monde écrit cotter ou coter. Cependant tout le monde aussi écrit *quote* partie, et partie *aliquote*, je ne vois pas grand inconvénient à écrire *quoter* comme on l'écrivoit du temps de Nicod et auparavant. Monet, Oudin et plusieurs autres écrivent *coter* et *quoter* indifféremment. *Quoter* représente mieux l'origine du mot, et l'autorité de l'Académie sera peut estre assez grande pour rétablir l'ancien usage. A l'égard de *ré-imprimer* je baise les mains à votre M. Cramoisy. Qui a jamais ouï dire qu'on *ré-imprime* un livre ? L'usage est pour *rimprime* et je m'en raporte volontiers au Dictionnaire de l'Académie. Faites moi la grace de m'aprendre quelle ville c'est que TIANA, je ne connois que TYANA, il y en avoit deux, l'une, ville de Cappadoce et patrie d'Apollonius, l'autre ville d'Egypte, distinguées par Stephanus, mais écrites toutes deux par un Y. Il est vrai que dans l'Itinéraire d'Antonin de l'édition de Simler TYANA ville de Cappadoce est écrite TIANA, mais mal, comme il paroist par les éditions plus correctes de ce meme Itinéraire, telle que celle de Bertius (1). Je vous ai

(1) On sait que le Marquis de Fortia d'Urban a publié une nouvelle édition de l'*Itinéraire d'Antonin*, en 1845, Imprimerie royale, dans un volume in-4 contenant plusieurs autres *itinéraires*, notamment la *Table de Peutinger* et un choix des *périples grecs*. Cette savante édition de l'*Itinéraire d'Antonin* a été préparée par *Benjamin Guérard*. Il faut voir, sur la part prise par Guérard à cette édition, la *préface* même de l'ouvrage, et la *Notice* sur Guérard par M. *de Wailly*, p. 207, publiée chez Dumoulin en 1855, à la suite de la *Notice* de Guérard sur Daunou.

Le nom est bien écrit *Tyana (al. Dana) Klissessar ou Ketchhissar*, avec dit que le mot de *virevouste* étoit dans H. Etienne vous le troverez effectivement au chap. 37, p. 468, et au chap. 39 p. 520 de l'Apologie d'Herodote, imprimée l'an 1566. A l'égard de Rabelais, comme il y a longtemps que je ne l'ai lû, je ne puis vous marquer positivement les endroits où il a emploié ce mot. Je suis, Monsieur, tout à vous.

D. L. M.

A Monsieur

Monsieur Toinard conseiller du Roi en ses Conseils, rue Mazarine, chez Mr Desnoyers, devant l'épée Roiale.

A Paris.

un *y* dans les sept mentions que renferme le volume. Seulement à la page 41 *(Itinéraire d'Antonin)*, une variante, *Tiana,* est indiquée en note, d'après le manuscrit 671 du supplément latin (Biblioth. Nat.) Dans la mention du *Périple du Pont Euxin,* anonyme A, nous trouvons, p. 399: Τύανα της Καππαδοκίας, πάλαι Θόανα.

(1) Lacurne de Sainte Palaye (Glossaire, édit. Favre) donne les trois formes *Virevouste, virevoute* et *virevolte*, et comme on va le voir, deux exemples tirés de Rabelais précisément pas au mot *virevouste.*

« Virevouste. Voltes : « Picque son cheval des esperons et fait *virevoustes* emmy la place. » (*Percef*, V, f. 6.)

« Tous nobles cueurs adoncques firent raige
« De faire saulz, *virevoustes,* virades.

(J. Marot. p, 137)

« Virevoute : Les *virevoutes* ou tours de souplesse des Capucins et des « Cordeliers en art par un franc piéton ou troteur de leur ordre. » (Rab., II, p. 80).

« Virevolte : Tour et retour fait avec vitesse : au moulinet, a ce defendu, à « la *virevolte.* (Rab., I., p. 152. »

Nous ne savons quelle édition de Rabelais a voulu citer l'éditeur de La Curne.

Il est bien regrettable que l'excellente édition de M. M. Rathery et Burgaud des Marets n'ait pas l'index du *glossaire* (Didot, 1857-1858, 2 vol. in-12), 2e édition 1870-73.

Le mot *virevouste* ne figure pas dans le petit glossaire de l'édition de Rabelais donnée par M. Louis Barré chez Bry, à Paris, en 1854. Il ne figure pas non plus dans le glossaire-index de l'édition Chéron chez Jouaust, 1876-77, 5 vol. in-12.

En parcourant l'édition Rathery Burgaud des Marets, nous avons trouvé :

V

(1) A Dijon le 25 janvier 1694.

...... Notre intendant va partir au premier jour (2). Mr Bouchu premier Président de notre Parlement est nommé, dit-on, en sa place par provision (3). Il mériteroit

Livr. II, chap. VII, t. I. p., 351, 2e édit., 1870-73 : « *Virenvoustorium nœquettorum per F. Pedebilletis.* » Une note des éditeurs dit : Les *virevoutes* sont des tours de passe-passe, et *naquets* paraît avoir été synonyme de laquais. »

(1) Fol. 85.

(2) *D'Argeuges, baron du Plessis* (Florent) ; il était intendant depuis 1689. Le roi le rappela en effet en 1694. La provision du premier président ne dura pas, car la même année 1694, du Plessis fut remplacé par *Ferrand de Villemillon* (François-Antoine), que le Roi rappela en 1705, qui fut intendant de Bretagne en 1707, et composa des *Mémoires* sur la Bourgogne. — Nous devons ces renseignements à l'obligeance de M. Milsand; l'érudit dijonnais a bien voulu, et nous l'en remercions vivement, les extraire pour nous de la *Liste chronologique des Intendants de la Bourgogne et des préfets de la Côte-d'Or* par V. Dumay, 1844, Dijon, in-18, Douillier, liste que M. Milsand a signalée dans sa savante et si complète *Bibliographie Bourguignonne,* Dijon, Lamarche, 1885, gr. in-8, et que nous avions demandée en vain à la Bibliothèque Nationale.

(3) Voici ce que nous lisons dans Petitot, *Histoire du Parlement de Bourgogne,* (continuation de Palliot), Dijon, 1733, in-fol. (car l'histoire du même Parlement par M. *De Lacuisine,* 2e édition, 1864, 3 v. in-8, est rédigée au point de vue *narratif* et non *biographique*) :

« BOUCHU (Pierre), chevalier seigneur de Pluvié, conseiller du Roi en ses Conseils, premier président au Parlement et Cour des aides de Bourgogne et Bresse, a été pourvu de cette charge vacante par le décès de Nicolas Brûlart. en vertu de lettres de provisions qui lui furent expédiées à Versailles le 27 juin 1693, et il y fut reçu le 4 du mois d'août suivant.

« Il exerça la charge de conseiller pendant plus de vingt-quatre ans, ensuite celle de premier président en la Chambre des comptes de cette province, dont il était pourvu lorsqu'il fut revêtu de celle de premier président au Parlement qu'il exerça pendant 22 années, avec toutes les qualités d'un grand magistrat, auxquelles il joignit celle d'une éminente piété.

« Il eut des bienfaits du Roi une pension de 8,000 livres et un brevet de retenue de cent vingt mille livres sur la charge de premier président.

« Il est mort à Dijon le 28 du mois d'août 1715 et a été inhumé dans l'Eglise des R. R P. P Carmes dans la chapelle où est sa sépulture. » Voy. ses *armes,* p. 4.

fort de l'estre a vie, tant pour l'interest du Roi que pour celui de la province. Vous me demandez, si j'avois à traduire en François *Cneius Pompeius,* comment je ferois? La question est embarrassante. Si je traduis *Cneius Pompéius,* il faudra dans la suite que je traduise *Pompée* quand il ne se trouvera dans l'original que *Pompéius* sans *Cneius,* et cela fera une espece de difformité. *Cnée* ou *Cneie Pompée* seroit ridicule, et sentiroit Belleforest (1). Cneius Pompée tombera dans l'inconvenient que vous marquez. Que faire donc ? Par la grande raison que de deux maux il faut toujours choisir le moindre, je traduirois *Cneius Pompeius* conformément à la pratique de M[r] d'Ablancourt (2) et a la

(1) La renommée du pauvre Belleforest (Guyenne 1530-1583) ne semble pas avoir grandi, au contraire elle devait encore diminuer, dans le siècle du bon goût, car nous lisons dans *Chapelain,* (bien qu'il ait été une victime de Boileau, surtout comme poète, nous aimons à rappeler son jugement, après la belle édition de ses *Lettres* dans laquelle M. Tamizey de Larroque, par ses savantes notes, a montré tout le prix de cette correspondance pour l'histoire littéraire du XVIIe s.), *Lettres de Chapelain,* t. II, p. 270 (Lettre à M. Carrel de Sainte-Garde, près l'ambassadeur de France à Madrid) : « Les Castillans font d'assés raisonnables narrations historiques et d'assés justes consultations politiques. Leur *Herrera,* leur *Cabrera,* leur *Sandoval,* leur *Gomorra* se peuvent lire mesme pour la langue, car pour leur *Tzurita,* et leur *Garibai,* ce sont de bons greffiers, de bons compilateurs, mais non pas de bons historiens comme nous les désirons. Ce sont des *Froissards,* des *Monstrelets,* des *Nicole Gilles* ou tout au plus des *Belleforests.* »

(2) La Monnoye se met au nombre des partisans, des approbateurs, pour la *forme,* pour le *style* du moins, du très *discuté* d'Ablancourt, l'auteur des *Belles infidèles,* surnom qui est resté à ses *traductions.*

M. Moulin, le regretté bibliophile et collectionneur, dont nous avons rappelé ailleurs les charmantes notices publiées dans le *Bulletin* de 1882 à 1885 sous le titre de : *Le Palais et l'Académie aux* XVIIe *et* XVIIIe *siècles,* a fort bien tracé, dans celle relative à *Perrot d'Ablancourt* (1884, p. 146-147), le portrait de l'académicien, sur lequel il faut consulter aussi la notice de M. René Kerviler, et une étude bien antérieure, mais non oubliée, du regretté comte Edouard de Barthélémy : *Claude d'Epense; David Blondel et Perrot d'Ablancourt.* Paris, 1855, in-8.

« Chapelain, Conrart, dit M. Moulin, Vaugelas, Balzac et Patru applaudissaient le traducteur; Ménage, l'abbé de Marolles et Amelot de la Houssaye le critiquaient et le déprisaient. » M. Moulin ajoute *en note* avec beaucoup de raison : « L'abbé de Marolles n'aurait pas dû être aussi sévère pour Perrot, lui qui a traduit la plupart des classiques latins Dieu sait de quel style! »

décision de M. Ménage (1). Mr Fléchier (2) dit pourtant Silvio Gonzague et Philippe Mocenigo, je ne crois pas même qu'on doive dire autrement, mais comme il n'y a pas conséquence de langue à langue le plus sûr est de consulter le grand usage, et de suivre les maîtres la dessus. Je vous avois de mon coté demandé l'explication du mot Τίανων, que je n'étois pas prest à deviner dans la prévention où j'étois que c'étoit un nom de ville. Vous m'y aviez vous même confirmé en m'écrivant que Τίανων et Τυάνων étoient deux, et que le P. Hardouin distinguoit fort bien ces deux villes. Τίανων cependant n'est autre chose que le génitif de Τίανοι, c'est-à-dire de *Tium* ville de Paphlagonie. Vous me citiez il y a quelque temps *Valesiana,* je l'ai lû ces jours passez, et y ai trouvé beaucoup de méprises. Si je savois que mes remarques ne fussent pas indifferentes à Mr Charles de Valois fils de l'auteur, je les mettrois au net, et prendrois la liberté de les lui envoier. Vous avez raison, Monsieur, de refuser la qualité de conseiller du Roi en ses Conseils, votre nom n'a pas besoin de cet ornement et comme Scarron écrivant à Mr de Gondi mettoit *au coadjuteur c'est tout dire* (3), je devois mettre : *à*

(1) *La décision...* voilà bien cet oracle, ce souverain juge, devant lequel se faisaient les génuflexions, par admiration ou par *crainte,* suivant la remarque si juste de M. Victor Fournel dans la *Nouvelle Biographie générale.* La cour assidue des érudits, l'autorité qu'il avait sur eux atténuaient un peu pour Ménage le coup pas du tout *plein de gloire* que lui avait porté un immortel génie dans le *Vadius* des *Femmes savantes.*

(2) Il est à peine besoin d'indiquer les derniers travaux importants sur *Fléchier,* dus à M. l'abbé A. Fabre, auteur des *Ennemis de Chapelain,* Paris, Thorin, 1888 : *La jeunesse de Fléchier,* Paris, 1882, 2 vol. in-8, et *Fléchier orateur,* 1886, B. Nat. L n. 27. Ces travaux ont été la suite des Etudes du savant abbé sur le grand orateur, car on n'a pas oublié la Thèse de doctorat si intéressante de M. Fabre, 1871 : *De la Correspondance de Fléchier avec Madame Deshoulières et sa fille.* Paris, Didier, et Thorin.

(3) Scarron au cardinal de Retz, *Epitre dédicatoire* du *Roman comique.*

AU COADJUTEUR
C'EST TOUT DIRE.

« Oui, Monseigneur, votre nom seul porte avec soi tous les titres et tous les

Mr Toinard c'est tout dire. Je ne sais pourtant si les filles de votre hôte aiant presentement besoin de consolation je n'aurois pas raison de vous continuer ce titre qui a, dites vous, le don de les faire rire.

A Monsieur Toinard rue Mazarine
chez Mr Desnoyers devant l'épée roiale.
A Paris.

VI

A Dijon le 15 février 1694.

J'avois, Monsieur, samedi dernier la main à la plume pour vous écrire lorsque je reçus votre lettre. Aussitost je quittai tout pour aller trouver Mr Joly à qui je lus tout ce que vous me marquez touchant la douzaine d'exemplaires du dictionnaire de Richelet (1), de l'un desquels l'auteur s'offroit à lui faire présent. Après quelques difficultez il accepta la commission, et se chargea d'écrire lui meme à Mr Turretin (2) qu'il connoit, et de me

éloges que l'on peut donner aux personnes les plus illustres de notre siècle. » *Œuvres complètes* du Cardinal de Retz, édition des *Grands Ecrivains de la France*, t. I, publié par Feillet, p. 344, Hachette.

L'éditeur dit *en note:* « cette dédicace est de 1651, date de la publication de la première partie du *Roman Comique*. Voy. l'excellente édition de ce roman donnée en 1857, dans la collection Jannet, par M. Victor Fournel. »

Puisque nous parlons de *Scarron*, mentionnons qu'il vient d'être soutenu tout récemment à la Faculté de Paris, par M. Morillot, une Thèse de doctorat : *Scarron, étude biographique et littéraire*, Paris, 1888.

(1) La 2e édition du *Dictionnaire* venait de paraître à Genève, 1693, en 2 vol. in-4.

M. le Marquis de Gaillon a publié dans le *Bulletin du Bibliophile*, 1855, 12e série, p. 471-480, un très curieux article sur le *Dictionnaire de Richelet*. Il faut en rapprocher une charmante causerie de M. Henri Bouchot, intitulée : « Les friponneries » de *Richelet*, publiée dans le *Cabinet historique*, 1880, t. XXVI.

(2) *Jean Alphonse Turretin* (1671-1737), professeur d'histoire ecclésiastique à l'*Académie de Genève*, fut en correspondance avec tous les érudits de son temps. Il faut voir sur lui l'ouvrage tout récent de M. Eugène de Budé, de

donner avis de sa réponse. S'il est vrai que ce Dictionnaire soit autant augmenté que vous le dites, j'en prendrai volontiers, avec votre permission, deux exemplaires, l'un pour un ami, l'autre pour moi. Il seroit fort à propos que l'auteur en augmentant son ouvrage se fust appliqué à le corriger. Il y a beaucoup de fautes, je pourrois a ma part lui en coter près de quatre cens dont il auroit peine à disconvenir, et un plus habile homme pourroit lui en marquer davantage. Le livre néanmoins, généralement parlant, ne laisse pas d'estre bon et commode, préférable même par les citations au Dictionnaire de l'Académie dans lequel je suis surpris qu'on n'en ait point emploié. Ce n'étoit pas le dessein des premiers Académiciens. Leurs successeurs ont eu tort de s'en écarter, et l'exemple seul de Mrs de la Crusca suffisoit pour les redresser sur cet article (1). Si vous avez la bonté de me copier les diverses

Genève : *Lettres inédites adressées de 1686 à 1737 à J. A. Turretini, théologien genevois, publiées et annotées par E. de Budé.* Paris, librairie de la Suisse française, P. Monnerat ; Genève, librairie Jules Carey, 1787-88, 3 vol. in-16 d ix-394, 399 et 464 p. ; et le compte rendu si complet qu'en a donné, avec toute l'autorité qui s'attache à son nom, M. Tamizey de Larroque dans la *Revue Critique,* n° du 3 décembre 1888, 2e semestre, p. 462-468.

(1) Voici ce que dit M. Valéry de l'Académie *de la Crusca* et de son *dictionnaire* dans ses intéressants *Voyages historiques, littéraires et artistiques en Italie,* Paris, 1838, t. II, p. 280 : « C'est dans la galerie du palais Riccardi que « se tiennent annuellement les séances de l'Académie de la Crusca, la plus « ancienne de ce genre, tribunal grammatical qui a censuré le Tasse, comme « l'Académie française Corneille, l'objet comme celle-ci d'éternelles plaisante- « ries, et cependant toujours et justement honorée ; qui a terminé et qui per- « fectionne constamment son utile dictionnaire, véritable modèle de tous les « dictionnaires, et qui compte encore aujourd'hui plusieurs hommes de mérite... « C'est à tort que cette académie a été accusée fréquemment de vouloir imposer « ses arrêts comme règles du langage, et de régenter l'Italie ; elle n'a point « cette prétention, et elle se borne simplement à conserver la pureté de « l'idiome toscan. »

Consultez aussi les nombreuses mentions de *l'Académie de la Crusca* que contiennent *passim* les *Lettres de Chapelain* publiées par M. Tamizey de Larroque *(Documents inédits sur l'Histoire de France,* 1880 et 1883).

Enfin, il faut voir sur ce « Cercle savant », *l'Histoire littéraire* de Tiraboschi, t. VIII, p. 149-150, comme le rappelle M. Isaac Uri dans sa thèse : *Un cercle*

leçons de Clémangis (1), que ce soit, s'il vous plaît, sur un papier séparé, il n'y a pas, je pense, de vanité à vous dire que mon écriture est un peu plus propre à broder les marges d'un livre que la vôtre. J'ai trouvé par deça une Bible de Vitré bien conditionnée qu'on m'abandonne pour deux écus neufs, en sorte que si vous avez rendu celle dont vous me parlez, et que vous n'en aiez point d'autre vous me ferez plaisir d'en demeurer là. Le texte seul de Lactance de mortibus persecutorum me suffira, et s'il ne s'en trouve qu'un exemplaire, il faudra bien s'en contenter. Est-il possible que Muguet les ait tous distribuez ? Il n'en sera peut estre pas de même des Nummi Antiqui illustrati du P. Hardouin que le meme Muguet a imprimez. J'en souhaite un exemplaire. Je souhaite de plus

Le Dictionnaire italien de Veneroni de la derniere edition in-4 de Barbin. Il coutera neuf francs au plus, et peut estre l'aurez vous *pour huit*.

Bibliotheca Thevenotiana, en parchemin, in-12, chez Delaulne.

savant au XVIIe s [le *cabinet* des frères Dupuy], *François Guyet* (1575-1655), p. 12, note 2.

Pour le *Dictionnaire de la Crusca,* voici ce que nous lisons dans le travail de M. Pellisier mentionné plus haut : « p. 131... Aussi, bien avant toutes les autres nations de l'Europe, l'Italie possédait-elle un bon Dictionnaire, celui de l'Académie de *la Crusca* (Florence 6 vol. in-fol.), vaste répertoire auquel on peut reprocher toutefois de n'avoir pas donné l'étymologie des mots, et de ne pas comprendre dans ses citations, des écrivains célèbres, entre autres le Tasse et l'Arioste. Mais on sait que cette Académie, s'étant bornée à choisir ses phrases d'exemples dans les seuls auteurs du *Trecento* (c'est-à-dire ceux de 1305 à 1400), parmi lesquels on en remarque beaucoup dont les ouvrages n'étaient alors qu'en manuscrits, fut nécessairement conduite, non seulement à se priver ainsi des citations qu'auraient fournies ces ouvrages, mais encore et par cela seul qu'ils ne se trouvaient pas dans ces auteurs, à rejeter tous les mots qui s'étaient introduits dans la langue depuis le XVe siècle. Voilà comment s'expliquent naturellement les omissions qu'on remarque dans ce dictionnaire, qui n'en est pas moins un modèle qu'on n'a pas surpassé depuis. »

(1) Voy. sur *Clamenges,* ou *Clémangis,* ce savant théologien du XIVe siècle et notamment sur son livre : *De Corrupto Ecclesiæ statu* une savante note de la *Bibliographie champenoise* du très regretté M. Léon Téchener, *Bulletin du Bibliophile,* janvier-février 1832, p. 35.

Francisci Vavassoris poëmata cum observationibus de vi et usu verborum quorumdam Latinorum — in 8 chez la veuve Thiboust et P. Enlasson 1683 (1). Je voudrois bien savoir si sa dissertation de l'Epigramme est dans ce volume.

L'art poétique de G. Colletet — in-12.

Je donnerai ordre à un de mes amis nommé Mr Rougeot de vous porter ma rente de la Tontine que je vous prie de recevoir sur et tant moins de ce que je vous devrai par la suite. Ce ne sera guére que vers la fin du caresme prochain que je pourrai faire venir mes livres et peut estre ne serai-je pas si malheureux que dans cet intervale il ne se découvre quelques uns des autres volumes marquez dans mes listes précédentes. J'ose vous demander la continuation de vos soins là dessus, et la grace de me croire, Monsieur, votre tres humble et tres obéissant serviteur.

De La Monnoye.

Aprenez moi comment il faut réformer votre adresse depuis la mort de votre hôte.

A Monsieur

Monsieur Toinard, rue Mazarine

chez M. Desnoyers etc.

(1) Le P. Vavasseur (1605-1681) a été l'objet d'une appréciation littéraire en 4 pages (malheureusement pour nous en espagnol) dans le tome VI, 1859, du *Catalogue du marquis de Morante,* ainsi que le rappelle le *Bulletin du Bibliophile* de 1859, p. 590.

Voy. aussi les *Lettres de Chapelain* et l'ouvrage si savant et si intéressant de M. l'abbé Fabre, *les Ennemis de Chapelain,* mentionné note 2 de la page 23.

VII

(1) A Dijon le 4 mars 1694.

Je viens, Monsieur, de faire porter au Carosse, qui arrivera d'aujourd'hui en huit à Paris, sept exemplaires du livre de feu Mr David. C'est tout ce qu'il en restoit à l'imprimerie. Vous en retiendrez six pour vous, et aurez la bonté de faire tenir le septième à son adresse. La marche des Dictionnaires de Richelet sera un peu plus lente. Mr Joly, chez qui j'ai été plusieurs fois, depuis qu'il m'a dit avoir écrit à Mr Turretin, n'a pas encore eu de réponse. Quand le paquet sera venu je prendrai soin de reconnoitre les changemens que l'auteur aura faits à son livre, et comme je ne doute point que la seconde édition ne soit non seulement plus ample, mais encore plus correcte que la premiére, je me réserve, après que je l'aurai vuë, à vous envoier les observations que vous me demandez. Pour celles que j'ai faites sur le *Valesiana* je ne puis me résoudre à les mettre au net que je ne sache surement si Mr de Valois le fils auroit quelque curiosité de les voir, parceque s'il étoit indifférent là dessus ce seroit autant de peine que je m'épargnerois. Ma petite rente de la Tontine ne vous aura pas été remise aussitost que je le croiois faute d'avoir fait légaliser ma procuration. L'on m'avoit donné à entendre par deça que le controle ajouté à l'acte tenoit lieu de légalisation, ce qui ne s'étant pas trouvé vrai il a falu me renvoier ma procuration pour réparer ce défaut. J'avoue que je n'ai pas compris, et que je ne comprens pas bien encore ce que vous me marquez touchant le Lactance de Muguet. Je ne veux purement et simplement que le traité de *Mortibus Persecutorum* imprimé séparé-

(1) Fol. 90

ment par Muguet in-12, l'an 1680 (1), comme le journal des Savans en fait foi. Nos libraires n'ont que la traduction française de ce traité, et je ne souhaite moi que le texte latin tel qu'originairement Mr de Baluze nous l'a donné de l'impression de Muguet. Je vous en demandois deux copies, sur quoi vous me repondez que pour les avoir il faut se résoudre à prendre deux in 8 où il y a je ne sais quel fatras dont vous ne me conseillez pas de me charger. N'ai je pas eu lieu de croire sur cette réponse qu'il ne restoit à Muguet nul exemplaire du Lactance de *mortibus* etc., qu'il imprima in 12 l'an 1680 ? Aujourd'hui cependant vous me mandez qu'il lui en reste beaucoup. Achetez m'en donc deux de par Dieu ou reliez ou du moins en blanc (2), et qu'il n'en soit plus parlé. On me prêta ces jours passez *Arlequiniana* (3) qui en matière de bons mots et de plaisanteries ne vaut pas *Menagiana* dont on

(1) On sait que Thoynard lui-même venait de donner, en 1690, des *notes* sur *Lactance: In Lactantium de mortibus persecutorum* notæ *Nic Toinardi Aurel.*, Parisiis, apud Arnulphum Seneuze, in vico de la Harpe, 1690. *Opuscule très savant*, dit M. Jovy, dans une intéressante note à laquelle nous renvoyons, *op. cit.*, p., 25 note 2.

(2) Cette expression qu'on trouve fréquemment dans les *correspondances* du XVIIe s., et qui n'est pas citée par Littré dans ce sens, répond à notre expression « *broché* » d'aujourd'hui.

(3) Adry, dans sa *Bibliothèque critique des Anas* (manuscrite), (BIBL. NAT. *Nouv. Acquisit franc.*, vol. 1955-57), vol. 1945, f. 65-68, a consacré un long article à l'*Arliquiniana (Arlequiniana)*. Nous en extrayons ce qui suit:

« *Arliquiniana*, ou les bons mots, les histoires plaisantes et agréables recueillis des conservations d'Arlequin, seconde édition, augmentée. A Paris, chez Florentin et Pierre Delaulne, etc., et Michel Brunet, etc., 1694, avec privilège du Roy, in-12 de 294 pages, sans la table des matières et les fautes à corriger qui sont à la fin.

« On trouve en face du frontispice une gravure qui représente Arlequin sur un théâtre. Le privilège est daté du 8 janvier 1694 et le livre est achevé d'imprimer le 15 mars.

« La première édition avoit paru la même année..... Cotolendi..... est l'auteur de ce misérable recueil, sans goût, sans sel, souvent indécent et ordurier et qui peut tout au plus amuser la livrée. La multiplicité des éditions ni l'empressement des compilateurs de bons mots à le copier dans leurs recueils ne prouvent rien en sa faveur et n'annoncent que le peu de délicatesse de bien des gens dans le choix des lectures qu'ils font pour dissiper leur ennui. »

nous promet une seconde partie (1). On nous promet aussi un *Bignoniana* (2). Je vous recommande toujours mes listes et vous prie de me faire savoir le prix du *Veneroni* et des *nummi* du P. Hardouin. Mr notre Procureur général m'a dit que ce dernier ne lui avoit coûté que trois francs, ce seroit bon marché. Je vous remercie du present que vous me procurez du Richelet augmenté et suis avec toute la reconnoissance possible, Monsieur,

Votre etc.

Même adresse.

(1) Il nous semble inutile de mettre la moindre note au sujet du *Ménagiana* fort connu, dont on sait que *La Monnoye* devait donner la principale édition, 5171.

(2) Voici ce qu'Adry nous dit du *Bignoniana* (manuscrit cité, f. 81): « Voy. l'Epigramme de Mr de la Monnoye, la Préface du Fureteriana et celle du Ménagiana. Au second volume de ce dernier ouvrage, on lit pag. 90: Mr l'abbé Gaudon a un Bignoniana, que cela seroit excellent, s'il vouloit le publier! L'abbé de Longuerue, qui avoit vu ce Bignoniana, en juge bien différemment: J'ai vu, dit-il, dans le Longueruana, pag. 9, de la première partie, un Bignoniana entre les mains de Mr Jalais, qui vouloit le faire imprimer, mais je l'empechay, comme étant un Recueil d'ignorances qui venoient du compilateur. Il faut croire, pour l'honneur de Ménage ou des Rédacteurs du Menagiana que le mss. de Mr Gaudon étoit bien différent de celui de M. Jalois.

« L'illustre Jérôme Bignon, avocat général né en 1589 et mort en 1656, étoit grand père du savant abbé Bignon...

« On trouve dans la Bibliothèque de Beaucousin, n° 506, Bignoniana ou pensées de Jérosme Bignon, recueillies par M. Issaly avt. au Pt, mort en 1703, in-4° manuscrit corrigé de la main de M. Issaly; dans le même portefeuille nombre de *lettres* et pièces écrites par, ou à M. Bignon ou qui le *concernent;* quelques notes et extraits du C. Beaucousin annoncent qu'il projettoit une édition de ce manuscrit. Dans l'épitre dédicatoire a Me la comtesse de Chemault, sa tante, de l'ouvrage mss. intitulé Extrait des délassements d'un jurisconsulte, il dit en parlant des sources où il a puisé : telles sont les conversations sçavantes quoique familières du célèbre avocat général Jerome Bignon recueillies de sa bouche par Jean Issali, alors jeune avocat et qui est mort doyen de notre ordre (des avocats), et en note j'ai le mss. original d'Issali qu'il a intitulé : Pensées de M. Bignon, avec une refonte qu'en a faite l'avocat général Etienne Briquet, gendre du grand Bignon. Quelques littérateurs qui connoissoient l'existence de ce recueil l'ont annoncé sous le titre de *Bignoniana.* »

VIII

(1) A Dijon le 24 mars 1694.

Je ne pourrois, Monsieur, *vel mihi si linguae centum sint, oraque centum,* vous remercier assez de tous vos soins, et de toutes vos peines. Vous me traitez d'Ennius parce que je fais des vers en trois langues, et peut estre aussi me donnez vous finement à entendre que les miens ne sont pas meilleurs que ceux qui nous restent de ce vieux poëte. Vain comme je suis pour éviter la comparaison j'entreprens de versifier en une quatrieme langue, et voici en Italien la pensée que vous avez déja vue en grec, en latin et en François.

Giace lantino ; li tuoi allori verdi
Secchin omai, Digione,
Piangi, che di pianger ai ben cagione,
Nuovo Salmasio perdi.
Empir seppe l'antico il mondo intero
Delle sue dotte carte.
Non mancò al nuovo l'arte,
Scriver potea, è vero,
Mà nulla scrisse uom modesto, temendo
Di scemar a colui l'onor scrivendo.

Je suis bien aise que vous n'aiez pas pris la Bible dont je vous avois parlé, M. Nicaise en a une dont je pourrai dans peu m'accommoder. Il est sur le point de publier un catalogue de ses livres dans le dessein de les vendre (2). C'est un moien sûr pour bien des gens d'en mieux faire leur profit que s'ils le lisoient. Un de nos libraires Gran-

(1) Fol. 96.

(2) Papillon ne parle pas de ce *Catalogue,* sur lequel est muette la savante préface de M. Caillemer. Il ne nous paraît pas avoir été publié.

gier-Bertran doit partir pour Paris la semain^n prochaine. Il aura l'honneur de vous aller voir de ma part. Si en attendant et sans vous incommoder vous me pouviez busquer (pardonnez moi cet italianisme) (1) Jos. Scaligeri poëmata in 12 chez Rapheleng, 1615, vous m'obligeriez fort. Ce meme libraire vous en rendroit le prix en finissant notre compte. De votre côté, Monsieur, commandez moi dans l'occasion et me croiez véritablement à vous.

De La Monnoye.

Même adresse.

IX

(2) A Dijon le 29 janvier [16]95.

Voici le temps, Monsieur, où je pourrai enfin m'acquiter de ce que je vous dois de reste des livres qu'il vous plut m'acheter l'an passé. Vous avez négligé jusqu'ici de vous aller etc. [détails insignifiants au sujet de sa pension de 25 francs par an sur la Tontine].

..... Je vous prierai en même temps de me mander à quoi vous vous occupez dans un temps ennemi des lettres tel que celui-ci. On n'imprime, dit-on, presque plus de latin à Paris, et je n'en suis pas étonné puisqu'il paroît qu'on a desapris l'orthographe de cette langue, et qu'au lieu qu'en France on écrivoit auparavant Tot capita tot sensus, on y écrit aujourd'hui Tot capita tot census. Pour moi j'ai toujours le courage de lire du latin et du grec. Il est venu ici depuis peu un honnête homme bien fait, beau parleur, de quarante quatre à quarante cinq ans, nommé Lainé (3), qui m'a dit avoir l'honneur de vous connoître

(1) Peiresc s'est servi de l'expression *Busquer* pour *Chercher* (tome I, p. 442, des *Lettres aux frères Dupuy*, Documents inédits, 1889).

(2) Fol. 104.

(3) Nos lecteurs ont nommé le poète *Lainez* (Alexandre), dont nous avons rappelé plus haut l'anecdote pleine de sel avec La Monnoye précisément. *Lainez*,

particulièrement. Vous pouvez l'avoir vu plus d'une fois avec l'abbé de Clérambault dont il me parle souvent. Nous passons ensemble d'assez agréables momens autant que la misére présente nous le permet.

Romanis Fabius cunctando restituit rem,
Gallis Auriacus cunctando diminuit rem.

Voilà du latin. Voulez-vous du grec ?

Εἰρήνην καὶ Πλοῦτον Ἀριστοφανής ποτε γράψε,
Τὴν μὲν ἀεὶ λαὸς, τὸν δὲ θέλει βασιλεύς.

Mais en voila peut estre trop de l'un et de l'autre. Ἐπέχω.

Même adresse.

qui est encore un des oubliés de la *Nouvelle Biographie générale*, sinon de la *Biographie Michaud*, a une ample et très intéressante notice dans le *Moréri* de 1759, *et dans Chaudon*. Moreri dit qu'il mourut en *1710* à *soixante* ans, et Chaudon en 1719 à Paris. L'âge donné par Moréri corrobore absolument celui donné par *La Monnoye* à son visiteur en *1695*. Lainez etait né à Chimay (Hainaut). « Il étoit, dit Moréri, grand poète, grand humaniste et grand géographe, et s'il se peut encore plus grand buveur. Il passoit pour philosophe........ Il passoit ordinairement la plus grande partie du jour à l'étude et donnoit le reste au plaisir. Il le dit lui même dans une pièce de vers imités de Virgile...

Regnat nocte calix, solvuntur biblia mane,
Cum Phœbo Bacchus dividit imperium.

Sa conversation charmoit ses amis et les instruisoit ; elle étoit vive, agréable. féconde. Il parloit sur toutes sortes de matières et parloit bien..... A l'égard de ses poésies, quoiqu'il en ait fait un grand nombre, ses amis en ont eu peu parce qu'il se contentoit de les réciter sans vouloir les communiquer. » Parmi ses œuvres énumérées par le vénérable Moréri, nous relevons un poème en vers grecs intitulé *Homère*, à la louange de ce poète. Les *vers grecs* et la... gaité, voilà deux liens qui devaient unir La Monnoye et Lainez d'une étroite amitié,

X

(1) A Dijon le 12 mars 1695.

Vous voulez bien, Monsieur, que je vous demande des nouvelles de votre santé, et de ma procuration. Comme en vertu de mon nom de Batême je suis à la lettre B, je dois estre des premiers paiez. C'est de quoi vous m'instruirez quand vous le jugerez à propos. Vous me ferez aussi savoir si après que vous aurez pris sur cette somme celle que je vous dois, il vous restera entre les mains de quoi acheter la Bible de Vatable en un assez gros volume in-4 impressio de Hanaw. Ce n'est pas tout, M. Prouteau m'aiant tout nouvellement envoié une seconde liste de livres qu'il souhaite de la Bibliothèque de feu M. Fleutelot (2) outre les précédens, je vous prie pour m'épargner

(1) Fol. 106.

(2) Le *Dictionnaire des ouvrages anonymes et pseudonymes* de Barbier nous indique le catalogue de cette Bibliothèque: *Bibliothèque de feu M. Fleutelot, conseiller au Parlement de Dijon* (avec un avis au lecteur par *l'abbé Nicaise*). Paris, A. Pralard, *1693*, in-12.

M. Milsand, qui cite ce catalogue dans sa *Bibliographie Bourguignonne*, mentionnée plus haut, lui donne la date de *1690*, et ne dit pas que l'*avis au lecteur* soit de l'*abbé Nicaise*. Barbier l'a rapporté d'après Papillon.

Le titre de cet avis au lecteur est: Lectori ΦΙΛΟΒΙΒΛΩ typographus. Cet *avis*, bien qu'il faille faire la part du but dans lequel il était écrit, indique bien la peine et les recherches qu'avait développées le savant conseiller au Parlement de Bourgogne pour réunir cette collection très variée, comme on peut s'en convaincre en parcourant le catalogue. Nous détachons de cette préface ce passage: « Illustrissimus quippe Senator, qui eos per quadraginta annorum spatium magno studio ac labore collegit, tanto amore librorum tenebatur, ut omnium qui huic operi incubuerant, merito Βιβλοφίλτατος censeri debeat. Horum amorem simul ac notitiam ab adolescentiâ ei indiderat vir hujus artis et scientiæ, si quis unquam fuit, gnarus ac peritus Gabriel ille Naudœus vir inter Litteratos celeberrimus. »

Dans une lettre à *l'abbé Nicaise* (B. Nat. F. Fr. *Correspond. Nicaise,* vol. 9359.), La Monnoye parle ainsi de ce catalogue: « Dijon, 25 octobre 1693. Quand se distribuera le catalogue de la Bibliotheque de Mr Fleutelot? J'en vis l'autre jour chez Charlotte deux ou trois caïers où il y a bien des fautes d'imle circuit d'une réponse qu'il faudroit vous adresser, de vouloir *bien lui marquer de ma part que j'ai reçeu son* nouveau mémoire, que madame Fleutelot persiste dans le dessein de ne vendre sa bibliothèque qu'en gros, qu'on a fait courir ici le bruit que M. l'abbé de la Ferté (1) l'alloit prendre et qu'il en offroit 25,000 francs. Qu'une foi. pour toutes la Dame ne veut point ouir parler de détail. *Que cependant, comme varium et mutabile semper femina,* si elle vient à changer de pensée, j'aurai soin de faire valoir ses mémoires lesquels je conserverai dans cette vuë qu'il demeure donc en repos s'il lui plaît, mon silence doit lui faire connoitre qu'il seroit inutile de lui écrire, je saurai bien lui donner les avis nécessaires quand il le faudra. Vendredi 4 *de ce mois nous* perdimes en la personne de M. Lantin (2) tout ce qu'il y avoit de véritable érudition à Dijon. Une chose que j'aimois fort en lui et qui étoit une bonne marque de son discernement est qu'il vous estimoit beaucoup; je lui ai consacré une trinité d'épitaphes, j'appelle ainsi l'épitaphe suivante en trois langues :

Ἑλληνιστί

Αἴ αἴ τοι **ΛΑΝΤΐΝΟΣ**, ὁ καινὰ παλαιάτε εἴδως,
Δεύτερος, ὦ Δίβιον, Κάτθανε Σαλμάσιος.
Πολλὰ μὲν ὁ πρότερος ξυνεγράψατο, δεύτερος οὐδέν,
Αἰδόμενος νικᾶν του προτέροιο Κλέος.

pression. Les noms ue plusieurs auteurs y sont étrangement défigurez. Je lus la préface où il y a un certain βιβλοφίλτατος qui ne manquera pas d'estre relevé par les critiques, φιλοβιβλότατος auroit été bon, mais non pas βιβλοφίλτατος, parce que bien que φίλος signifie également, *amans et amatus*, φίλτερος et φίλτατος n[e] retiennent seulement que la signification passive, en sorte que βιβλοφίλτατος, c'est comme qui diroit *tres aimé des livres*, ce qui est justement le contraire de ce que l'auteur de la Preface veut dire. Je suis, etc.

De La Monnoye. »

(1) On verra dans la lettre suivante que l'abbé de la Ferté s'en rendit acquéreur moyennant *vingt-deux mille cinq cents* livres.

(2) Voy. le très intéressant portrait de *Lantin* (1620-1695) tracé par M. Jacquet, *op. cit.*, p. 134-136.

Latinè.

Hic tibi Salmasides, o Divio, conditur alter,
Qui nova, Lantinus, priscaque doctus erat.
Quod si multa prior, nulla hic monimenta reliquit,
Illius hunc laudi consuluisse scias.

En François.

Lantin repose en ce tombeau,
Toi qui sus nous donner ce Saumaise nouveau
Dijon révère sa mémoire,
La plume a du premier fait paroitre l'esprit,
Et le second n'a rien écrit
De peur que du premier il n'obscurcist la gloire.

J'ai envie pour remplir la page qui suit de vous envoier une autre espece d'épitaphe sur un sujet qui, à ce que mande M. Bayle, occupe encore actuellement tous les poëtes d'Angleterre et de Hollande. Vous jugerez si j'ai rempli heureusement des rimes assez bizarres qu'on m'a données sur la mort de la princesse d'Orange (1). Le sonnet s'adresse au prince et le poëte lui parle ainsi.

(1) Voici comment Saint-Simon, dans ses Mémoires (Edition de M. *A. de Boislisle* dans les *grands Ecrivains de la France,* Paris, Hachette), t. II, 1879, p. 250, raconte la nouvelle de la mort de la princesse d'Orange. Nous demandons la permission de reproduire deux notes du savant éditeur :

« 1695. — Deux évènements étrangers se suivirent fort près à près : la mort de la princesse d'Orange *(a)* à la fin de janvier, dans Londres ; la cour n'en eut aucune part, et le roi d'Angleterre pria le Roi qu'on n'en prit point le deuil, qui fut même défendu à M. M. de Bouillon, de Duras et à tous ceux qui étoient parents du prince d'Orange. On obéit et on se tut, mais on trouva cette sorte de vengeance petite. On eut des espérances de changements en Angleterre, mais elles s'évanouirent incontinent, et le prince d'Orange y parut plus accré-

(a) Marie Stuart, fille de Jacques II et de Anne Hyde, née le 10 mai 1662, mariée le 15 novembre 1677 à Guillaume Henri de Nassau, prince d'Orange, couronnée reine, en place de son père détrôné, le 21 avril 1689, et morte de la petite vérole le 7 janvier 1695 (et non à la fin de janvier, comme le dit Saint-Simon) sans enfants. La France ne lui reconnaissait pas le titre de *reine d'Angleterre.* »

SONNET EN BOUTS-RIMEZ.

Ta compagne n'est plus, Atropos te la croque
Peut estre croiois tu quoiqu'assez fin renard
Qu'elle dust aux enfers aller le traquenard
Elle y va le galop et voila l' équivoque.

Je n'ai pour célébrer cette fameuse époque
Ni le luth de Racan, ni celui de Maynard
Mais Nassau, je pourrois sur le ton goguenard
Dire qu'en cette mort je ne vois rien qui choque.

Jamais plus à propos femme n'a défilé
Elle a tant que la Parque a pour elle filé
De Reine jusqu'au bout soutenu le fantôme.

Si du sceptre usurpé tu veux, sans l'art d' Alquif,
Jouir comme elle a fait, jusqu'au dernier symptome
Hâte toi de la suivre en l'infernal esquif.

Alquif est le nom d'un magicien fameux dans l'Amadis(1).

Même adresse.

dité, plus autorisé et plus affermi que jamais. Cette princesse, qui avoit toujours été fort attachée à son mari, n'avoit point paru moins ardente que lui pour son usurpation, ni moins flattée de se voir sur le trône de son pays, aux dépens de son père et de ses autres enfants. Elle fut fort regrettée, et le prince d'Orange, qui l'aimoit et la considéroit avec une confiance entière, et même avec un respect marqué, en fut quelques jours malade de douleur *(a)*. »

(1) Voy. sur l'*Amadis* l'intéressante étude que lui a consacrée M. Eugène Baret : *De l'Amadis de Gaule et de son influence sur les mœurs et la littérature au* XVIe *et au* XVIIe *siècles, avec une notice bibliographique*. Paris, 1853, in-8 (Thèse de doctorat,) mentionnée du reste par la dernière édition (Daffis, 1882) du *Dictionnaire des anonymes*, de Barbier.

(a) M. de Boislisle dit, p. 251, note 2 : « Voy. les articles de la *Gazette d'Amsterdam*, 1695, p. 18 et 21, et Extraordinaires V, VI, XI, les articles du *Mercure*, janvier 1695, p. 211-325, février, p. 109-110, et Macaulay, *Histoire de Guillaume III*, t. III, p. 258-259. »

Il faut lire de bien intéressants passages au sujet de la *princesse d'Orange* dans la *Correspondance de Bussy Rabutin* si bien éditée par M. Ludovic Lalanne (1858-1859), Paris, Charpentier, t. VI. p. 505 et 529 et suiv.

XI

(1) A Dijon ce 13 février 1696.

Il n'a pas tenu à moi, Monsieur, que nos comptes ne soient finis il y a long temps. Non seulement je vous ai écrit là dessus plus d'une fois, j'ai encore fait agir plusieurs personnes pour cela, Mr de Saint Ussans (2) entre autres, et un libraire de cette ville nommé Grangier, qui ne put, à Pâque dernier, soit que vous fussiez malade, soit par d'autres raisons, avoir l'avantage de vous parler. Presentement que vous estes d'humeur, il faut saisir le moment, et je voudrois même que, sans remettre à une autrefois, vous eussiez bien voulu me marquer par votre lettre ce que je puis vous devoir de reste, Mr de St Ussans, à qui j'en aurois écrit, vous auroit incontinent satisfait. C'est un homme de mérite avec qui j'ai renouvellé connoissance depuis quelque temps. Comme je le trouve de bon commerce, je lui proposai, ces jours passez, de lui envoier une procuration pour toucher ma Tontine. Cela, Monsieur, vous sauvera la peine que vous auriez prise pour

(1) Fol. 108.

(2) Il s'agit certainement de *Saint-Glas, abbé de Saint-Ussans*, que l'on chercherait en vain dans nos Recueils biographiques, mais auquel M. Viollet-le-Duc a consacré un article dans sa *Bibliothèque poétique*, 1843, p. 588, et cite de lui : 1672, *Contes moraux en vers*, dédiés à Monsieur, frère du Roi, en 1688, *Billets en vers*, Paris, Claude Thiboust, in-12. « Je n'ai pu me procurer, dit M. Viollet-le-Duc, aucun renseignement sur Saint-Glas, abbé de Saint-Ussans. C'était un homme d'esprit. Ses *billets*, adressés la plupart à des personnes connues, entre autres *Racine* et *Boileau*, sont facilement écrits, de bon goût, et sans abuser de la négligence que comporte le genre. »

Les *Supercheries littéraires* de Quérard citent encore de lui : *Les bouts-rimez*, comédie en un acte et en prose. Paris, Pierre Trabouillet, 1682, in-12 de 4 feuillets et 57 pages avec musique. Les *Supercheries* renvoient à une très intéressante étude de M. P. Lacroix (Bibliophile Jacob) dans ses *Enigmes et découvertes bibliographiques*, Paris, 1867, in-18, p. 38-45. P. Lacroix dit : « La Monnoye, *qui l'avait connu certainement*..... » Les lettres que nous publions confirment cette assertion.

moi. Je vous en suis fort obligé, et plus encore de l'honneur que vous me faites de me communiquer la premiere feuille de votre Harmonie des Evangiles. Vous vous en repentirez peut estre quand vous aurez vû ma glose, mais ce n'est pas ma faute, au contraire, *Tanto plus debes ipse quod erubui.* Moult me tarde, comme parloit un de nos anciens Ducs (1), que vous donniez au public cet ouvrage tant souhaité. Jamais livre, si vous en exceptez le Dictionnaire de l'Académie, ne s'est fait attendre si longtemps. Y a t il apparence qu'il voie bientost le jour ? Mandez le moi, je vous prie, et si vous savez des nouvelles de Mr Lainé faites m'en part en même temps. Faites moi aussi la grace lorsque vous écrirez à Mr Prousteau de lui témoigner de ma part la reconnoissance que j'ai du present qu'il m'a fait de son Eloge de Mr Des Mahis (2). C'est un écrit fort sensé, et ou les choses sont dites justement comme elles doivent l'estre. La bibliothèque de M. Fleutelot estimée vingt mille écus a été donnée pour vingt deux mille cinq cens livres à Mr l'abbé de la Ferté. J'appelle cela une bibliothèque *in pace.* Mr Prousteau en aura sans doute appris la nouvelle, et rengainera par conséquent le dessein

(1) Philippe *le Hardi,* quatrième fils du Roi Jean, né en 1342 et mort en 1404, « qui, dit M. de La Cuisine dans son *Histoire du Parlement de Bourgogne,* avait donné à la commune de Dijon avec sa *devise de combat* un chef de ses propres armes ».

(2) « *Groteste des Mahis,* dit M. Jovy, *op. cit.*, p. 23, note 2, l'ami en l'honneur duquel Prousteau a composé une si cordiale épitre latine, était né à Paris en 1649 et avait été élevé dans la religion réformée. Le 27 mai 1681 il abjura entre les mains de M. de Coislin, évêque d'Orléans, qui l'attacha à son Eglise en qualité de chanoine de la cathédrale. Il mourut à Orléans le 6 octobre 1694, à 45 ans. On peut remarquer que sa conversion fut provoquée par la lecture des écrits de Nicole et que, comme beaucoup de jansénistes contemporains, il ne fut jamais que diacre, n'ayant pas voulu par humilité recevoir l'ordre de prêtrise. »

L'Eloge de *Des Mahis* parut sous ce titre : GUILLELMI PROUSTEAU, Antecessoris Aurelianensis, *epistola de obitu ac virtutibus Marini Groteste des Mahis,* Aurelianis, apud viduam Paris, 1695. Il faut voir sur Des Mahis et ses institutions charitables, une longue et intéressante note de M. Jovy, *op. cit.*, p. 46, note 1.

de ses emplettes. Ne m'envoiez plus de vers de Santeuil, je les reçois tous par d'autres voies, et j'avois déja vû ceux que j'ai trouvez dans votre paquet. En voici de grecs à l'occasion du passage *multi araverunt in vitula mea,* que vous emploiez dans votre lettre. Cela m'a fait souvenir de l'Enigme de Samson, *De forti egressa est dulcedo,* sur quoi roule l'épigramme suivante :

Εἰς τὸ αινιγμα Σάμψωνος.

Εἰρομένη Σάμψωνα προβαλλομένου λυσιν αἶνου
'Η δάμαρ, αἱμυλίοις τοῦτον ἔθελγε λόγοις.
Κύσσε τε ἐμπεφυῦια, δαμεις ὅθεν ὁ κρατεροφρων
Οὐ μόνον ἐξέρεεν πάντα γυναικὶ φίλῃ,
'Αλλὰ καί αγκὰς ἔμαρπτε, πόθῳ βεβιημένος εὐνῆς,
Ρρὸς δὲ σκιμπόδιον κλίνε μεμιξόμενος.
'Ηδ' ἄνδρα στιβαρόν κόλποις ἔχεν, ἡδὺ τ'ἐρώτων
"Οτταν ὅδε σπεύους εἰσαφίκανε τέλος,
Ναὶ, φάτο, δεξαμένη γλυκερήν φιλότητος ἐέρσην,
Ἦλθε τὸ νῦν ὄντως ἐκ στιβαροιο γλὺκύ.

Que dites-vous de ce grec ? Il y auroit plaisir d'en faire part à Madame Dacier.

XII

Le manuscrit porte écrit au crayon : 1697.

Je n'avois garde, Monsieur, de comprendre ce que vous m'écriviez dans votre lettre précédente. Vous estes, à la vérité, le premier qui m'avez annoncé la publication du N. T. du P. Bouhours (1), et comme vous jugeates que je

(1) Sur le P. Bouhours, voy. l'intéressante thèse de doctorat de M. Georges Doncieux, présentée à la Faculté de Paris : *Un jésuite homme de lettres au* XVIIe *s., le P. Bouhours,* Hachette, 1886.

Le *Nouveau testament traduit en françois selon la Vulgate* parut en 1697,

serois curieux de voir ce livre, vous vous offrites à en prendre un ou deux exemplaires pour moi. Quoi que je n'aie pas coutume d'acheter deux copies d'un même livre, quelque bon qu'il puisse estre, la chose cependant m'aiant paru d'une assez petite conséquence, je crus vous devoir laisser faire, et m'attendis à voir auplustôt ma curiosité satisfaite; il ne s'est depuis passé que près de trois mois sans que j'aie eu de vos nouvelles, en sorte que n'y aiant plus lieu de compter sur votre emplette, je m'adressai à M^r^ l'abbé de St Ussans pour le prier de suppléer à votre défaut, le chargeant néantmoins de vous voir auparavant, afin de ne rien faire mal à propos. Apparemment, Monsieur, cet ami vous aura vû, et apparemment vous lui avez dit que vous n'aviez par devers vous nul exemplaire pour moi puisque je sais qu'il m'en a acheté un. Nonobstant toutes ces précautions voila deux autres exemplaires qu'on me rend de votre part, dont il y en a un divisé en 4 volumes et garni de papier blanc pour recevoir mes pretendues observations. Si j'avois pu deviner votre pensée je n'aurois pas manqué de détourner un pareil envoi. Quand je ne serois pas occupé, comme je le suis, d'un procès qui me chagrine, je suis né trop paresseux pour m'engager à une discussion de si longue haleine. Je suis donc prest à vous renvoier votre paquet toutes les fois qu'il vous plaira, et à y joindre *l'in folio de cinquante six pages,* que j'entreprendrois aussi bien, fort inutilement d'examiner. Les remarques, dont j'ai eu la témérité de vous faire part jusqu'ici, ont regardé purement et simplement la traduction *latine litérale,* que j'ai supposé que vous aviez voulu faire du texte grec, mais comme je reconnois presentement que vous n'avez pas eu ce dessein, je perdrois mon temps à continuer un examen superflu pour vous, et peu agréable pour moi. Je laisse ces sortes d'occupations à des gens

2 vol. in-12. — Notre lettre est donc bien en effet de 1697. Voy. aussi la note suivante.

de loisir et d'une grande capacité, tels que Mr Simon de Diépe que je crois estre l'auteur des deux lettres critiques sous le nom du sr de Romainville (1). Les avis qu'il y donne au Traducteur sont la pluspart tres sensez et marquent une grande érudition. Je vous suis un peu plus obligé de ce présent que de celui que vous m'avez fait du Dictionnaire des halles. Cet extrait ne peut faire de tort à l'Académie Françoise, dont je conviens que le dessein se pouvoit d'ailleurs mieux exécuter. Les proverbes et les quolibets ont leur agrément dans l'occasion quand on sait les mettre en œuvre. Ils entrent quelque bas qu'ils soient dans le corps de la langue, et sont du ressort de tous les dictionnaires. Celui de la Crusca, qu'on allègue comme en aiant moins, en est tout plein. Les plus vilaines choses y sont nommées par leur nom cazzo, conuo, coglia, coglione, fottivento, potta, etc. Il est vrai que la chose exprimée par fottivento n'est pas vilaine, mais l'expression l'est extrémement. Et a propos d'appeller les choses par leur nom, je voudrois bien savoir pourquoi vous avez corrompu le mien, et qu'au lieu De La Monnoye vous me nommez

(1) Nous lisons dans le *Dictionnaire des Anonymes* de Barbier (dernière édition, Daffis, 1882) : « Difficultés proposées au R. P. Bouhours de la Cie de Jésus sur sa traduction françoise des quatre évangélistes (par Richard Simon). Amsterdam, Braakmann, 1697, in-12.

« Il y a deux lettres chiffrées I et II signées *Romainville*. L'exemplaire que j'ai sous les yeux contient sous le même titre et avec la date d'*Amsterdam*, Abr. Acher, 1697, deux autres lettres chiffrées III et IV signées Eugène. Elles sont en faveur de Richard Simon.

« On a eu tort d'attribuer ces dernières lettres à Nicolas Thoynard d'Orléans, puisqu'il est constant que celui-ci a publié une critique de Richard Simon en 1703. Il est difficile de croire qu'à si peu de distance Richard Simon ait trouvé dans ce savant un apologiste et un censeur, au lieu qu'il est tres probable que Richard Simon s'est loué lui-même sous des noms empruntés. Voy. *de Backer*, 2e édit., I., 817 n° 27. »

M. G. Doncieux, dans sa thèse mentionnée plus haut, signale, p. 310 : « BIBLIOGRAPHIE : 26°. Lettre à M Simon au sujet des deux lettres du sieur de Romainville écrites au P. Bouhours sur sa traduction française des quatre Evangelistes, s. l. n. d. [1697], in-12. »

Notons qu'on trouve des *lettres inédites* de Richard Simon dans la dernière publication mentionnée de M. *Budé* (Turretin).

de votre autôrité Monnoie? François I. aiant par méprise appelé Pezat le maréchal de Montpezat (1), Sire, lui dit-il, j'apprébende que demain vous ne m'appelliez Zat, mais ce seroit bien pis pour moi si vous me réduisiez à Oie. Vous me reformerez s'il vous plaît, Monsieur, apres m'avoir difformé et rétablirez dans votre souvenir votre tres humble et tres obeissant serviteur.

De La Monnoye.

Même adresse.

Suit une copie d'une lettre de La Monnoye à Thoynard, du 28 mars 1701 relative à son fils et sans grand intérêt (2).

(1) *Antoine de Lettes,* marquis de *Montpezat,* maréchal de France mort en novembre 1544.

(2) M. Tamisey de Larroque a bien voulu revoir nos bonnes feuilles. Nous sommes heureux de l'en remercier ici. Nous remercions vivement aussi M. Omont pour ses excellents conseils au sujet du grec.

www.ingramcontent.com/pod-product-compliance
Ingram Content Group UK Ltd.
Pitfield, Milton Keynes, MK11 3LW, UK
UKHW020451230726
13925UKWH00005B/1871

9 782019 214883